(FOR ADDRESS ONLY.)

Dieses Adressbuch gehört:

Die Engel offenbaren sich -
aber nur jenen,
die sie lieben und anrufen.

Charles Journet

Man ist ja von Natur kein Engel,
vielmehr ein Welt- und Menschenkind,
und ringsumher ist ein Gedrängel
von solchen, die dasselbe sind.

Wilhelm Busch

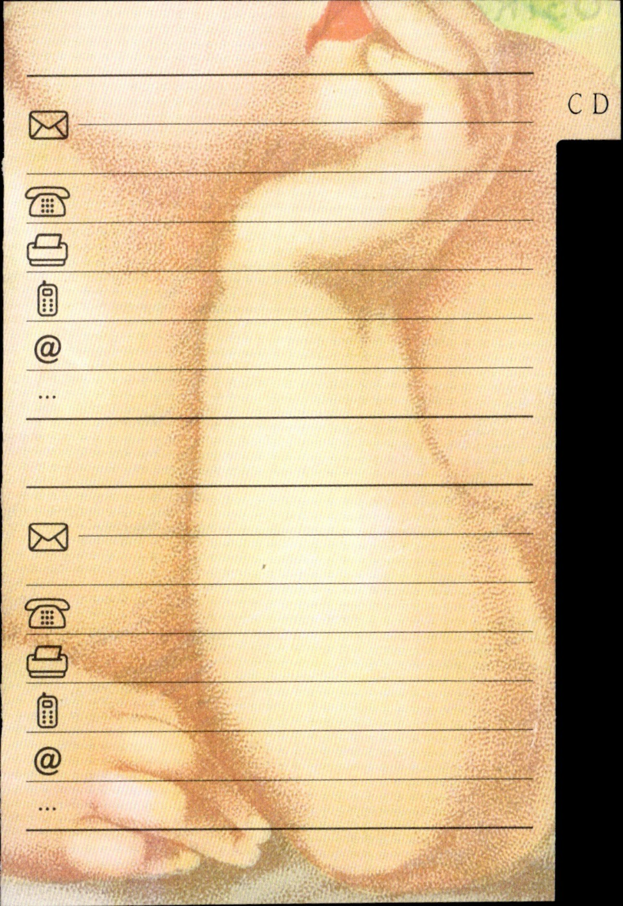
C D
...
...

Denkst du an Engel,
so bewegen sie ihre Flügel.

Israelisches Sprichwort

E F

Der Engel,
nach dem ihr ausschaut,
er ist schon unterwegs.

Malechi 3,1

@

...

Drei Engel mögen dich begleiten
in deiner ganzen Lebenszeit
und die drei Engel, die ich meine,
sind: Liebe, Glück, Zufriedenheit.

Poesiealbumspruch

Mensch, lerne tanzen,
sonst wissen die Engel im Himmel
nichts mit dir anzufangen.

Augustinus

...

Engel sind nicht nur deshalb Engel,
weil sie heiliger sind
als Mensch oder Teufel,
sondern weil sie ihresgleichen
nicht für heilig halten.

William Blake

Des Menschen Engel ist die Zeit.

Friedrich von Schiller

✉

☎

@

...

...

...

Die Engel, sie nennen es Himmelsfreud;
die Teufel, sie nennen es Höllenleid;
die Menschen, sie nennen es Liebe.

Heinrich Heine

...

...

...

Millionen von geistigen Wesen
gehen unerkannt durch unsere Welt,
egal ob wir wachen oder schlafen.

John Milton

Musik ist die Sprache der Engel.

Thomas Carlyle

...

...
...
V W

Wie viele Engel gibt es?
Einer, der unser Leben verändert, genügt völlig.

Sprichwort

XYZ

Was ist die Weisheit eines Buchs gegen
die Weisheit eines Engels?
Friedrich Hölderlin

Immerwährender Kalender

JANUAR

1

2

3

4

5

6

7

8

9

10

11

12

13

14

15

16

17

18

19

20

21

22

23

24

25

26

27

28

29

30

31

FEBRUAR

1
2
3
4
5
6
7
8
9
10
11
12
13
14
15
16
17
18
19
20
21
22
23
24
25
26
27
28
29

MÄRZ

1
2
3
4
5
6
7
8
9
10
11
12
13
14
15
16
17
18
19
20
21
22
23
24
25
26
27
28
29
30
31

APRIL

1

2

3

4

5

6

7

8

9

10

11

12

13

14

15

16

17

18

19

20

21

22

23

24

25

26

27

28

29

30

MAI

1

2

3

4

5

6

7

8

9

10

11

12

13

14

15

16

17

18

19

20

21

22

23

24

25

26

27

28

29

30

31

JUNI

1
2
3
4
5
6
7
8
9
10
11
12
13
14
15
16
17
18
19
20
21
22
23
24
25
26
27
28
29
30

JULI

1

2

3

4

5

6

7

8

9

10

11

12

13

14

15

16

17

18

19

20

21

22

23

24

25

26

27

28

29

30

31

AUGUST

1

2

3

4

5

6

7

8

9

10

11

12

13

14

15

16

17

18

19

20

21

22

23

24

25

26

27

28

29

30

31

SEPTEMBER

1

2

3

4

5

6

7

8

9

10

11

12

13

14

15

16

17

18

19

20

21

22

23

24

25

26

27

28

29

30

OKTOBER

1

2

3

4

5

6

7

8

9

10

11

12

13

14

15

16

17

18

19

20

21

22

23

24

25

26

27

28

29

30

31

NOVEMBER

1

2

3

4

5

6

7

8

9

10

11

12

13

14

15

16

17

18

19

20

21

22

23

24

25

26

27

28

29

30

DEZEMBER

1

2

3

4

5

6

7

8

9

10

11

12

13

14

15

16

17

18

19

20

21

22

23

24

25

26

27

28

29

30

31

ISBN 3-8157-3055-4

Grafische Gestaltung von Stefanie Bartsch

Printed in China
www.coppenrath.de